BEI GRIN MACHT SICH IHR WISSEN BEZAHLT

AF135872

- Wir veröffentlichen Ihre Hausarbeit, Bachelor- und Masterarbeit

- Ihr eigenes eBook und Buch - weltweit in allen wichtigen Shops

- Verdienen Sie an jedem Verkauf

Jetzt bei www.GRIN.com hochladen und kostenlos publizieren

Entwicklung eines Trainingsplans mit Makro- und Mesozyklus einer jungen Frau

Bibliografische Information der Deutschen Nationalbibliothek:

Die Deutsche Nationalbibliothek verzeichnet diese Publikation in der Deutschen Nationalbibliografie; detaillierte bibliografische Daten sind im Internet über http://dnb.d-nb.de abrufbar.

ISBN: 9783346555205
Dieses Buch ist auch als E-Book erhältlich.

Druck und Bindung: Books on Demand GmbH, Norderstedt Germany
Gedruckt auf säurefreiem Papier aus verantwortungsvollen Quellen

Das vorliegende Werk wurde sorgfältig erarbeitet. Dennoch übernehmen Autoren und Verlag für die Richtigkeit von Angaben, Hinweisen, Links und Ratschlägen sowie eventuelle Druckfehler keine Haftung.

Das Buch bei GRIN: https://www.grin.com/document/1156589

Inhaltsverzeichnis

1 Teilaufgabe 1 – Diagnose

1.1 Allgemeine und biometrische Daten

Tab. 1: Allgemeine Daten

Alter	24 Jahre
Geschlecht	Weiblich
Körpergröße	158cm
Körpergewicht	55kg
Trainingsmotive	Kraftsteigerung, Muskelaufbau
Berufliche Tätigkeit	Studentin
Aktuelle sportliche Aktivitäten	Krafttraining seit 14 Monaten (fortgeschritten) (3x pro Woche für jeweils ca. 60 Minuten) mit folgendem Inhalt: 30 Minuten Kraftausdauertraining nach subjektiven Kraftempfinden, 60 Minuten Ausdauertraining auf dem Crosstrainer Tennis im Verein seit 4 Jahren (3x pro Woche)
Frühere sportliche Aktivitäten	-
Zeitlicher Verfügungsrahmen	3x wöchentlich für jeweils ca. 60 Minuten

Tab. 2: Biometrische Daten

Blutdruck	120/80 mmHg
Ruhepuls	64 Schläge/Minute
Muskelanteil	35%
Orthopädische Probleme	Keine
Internistische Probleme	Keine
Ärztliche Behandlungen	Keine
Einnahme von Medikamenten	Keine

Tab. 3: Blutdruckklassifikation in Anlehnung an Bierbach, 2007, S.16

Kategorie	Systolischer Blutdruck (mmHg)	Diastolischer Blutdruck (mmHg)
Optimaler Blutdruck	<120mmHg	<80mmHg
Normaler Blutdruck	<130mmHg	<85mmHg
Noch-normal Blutdruck	130-139mmHg	85-89mmHg
Grad 1: leichte Hypertonie	140-159mmHg	90-99mmHg

1

| Grad 2: mittelschwere Hypertonie | 160-179mmHg | 100-109mmHg |
| Grad 3: schwere Hypertonie | >180mmHg | >110mmHg |

Bewertung:

Die Tabelle 3 gibt zu erkennen, dass der Blutdruck der Testperson von 120/80mmHg im optimalen Bereich liegt, da der optimale systolische Blutdruck bei <120mmHg und der diastolische Blutdruck bei <80mmHg liegt (Bierbach, 2007, S.16). Der Ruhepuls der Testperson liegt mit 64 Schlägen pro Minute im normalen Bereich. Diese biometrischen Auswertungen der Testperson lässt auf einen guten allgemeinen Gesundheitszustand schließen. Unterstützt wird dies durch die weiteren oben genannten allgemeinen und biometrischen Daten, die ebenfalls keine Auffälligkeiten aufzeigen. Abschließend kann man sagen, dass die Person durch einen beschwerdefreien Gesundheitszustand als voll leistungsfähig und belastbar einzuschätzen ist.

1.2 Krafttestung

Zum Erstellen eines Trainingsplans führt die Testperson einen Mehrwiederholungskrafttest (X-RM-Test) durch. Die Auswahl fällt auf diesen Krafttest, da die Person bereits seit einem Jahr nach subjektiven Kraftempfinden trainiert. Um ihrem Trainingsmotiv der Kraftsteigerung näher zu kommen, soll der Belastungsreiz auf ihre Muskeln eine wirksame Intensitätsschwelle überschreiten. Diese Intensitätsschwelle soll mithilfe des Mehrwiederholungskrafttest herausgefunden werden, um das maximal mögliche Gewicht für die Wiederholungszahl von zehn herauszufinden. Da die Person einen guten Gesundheitszustand aufweist, sind keinerlei Einschränkungen im Testverfahren zu beachten.

Zunächst findet das allgemeine Aufwärmen statt. Welches sich auf 10 Minuten bei mittlerer Intensität auf dem Crosstrainer beläuft, um sowohl Unterkörper als auch den Oberkörper auf die Belastung vorzubereiten. Danach erfolgt das spezielle Aufwärmen für die Muskelgruppen und auch die Gelenke. Hierbei werden auf den entsprechenden Geräten zwei Sätze mit 20 Wiederholungen und mit niedriger Intensität absolviert. Aufwärmen erreicht, dass sich die Körpertemperatur von ca. 37,0°C auf 38,0°C erhöht, die Mobilisation des Herz-Kreislauf-Systems und eine geringere Verletzungschance. Nach dem Aufwärmen wird der X-RM-Test durchgeführt. Ziel ist es ein Gewicht zu finden, welches der Person ermöglicht alle zehn Wiederholungen, trotz einer hohen Intensität mit einer sauberen Technik zu absolvieren. Wird der erste Satz noch relativ leicht realisiert, so wird das Gewicht für den zweiten Satz je nach subjektivem Empfinden um 5%, 10% oder 25% gesteigert. Ein dritter Satz erfolgt, wenn die Testperson auch nach dem zweiten Satz eine Steigerung im Gewicht ausüben kann. Zwischen den Testsetzen findet eine 3-minütige Pause statt. Zu beachten ist, dass alle Gewichte der in der Tabelle 4 genannten Trainingsgeräte in Fünferschritten auswählbar sind und Feineinstellungen von 1,5 Kilogramm sowie 3 Kilogramm möglich sind. Auch am Seil-/Kabelzug können Feineinstellungen von 1,5 Kilogramm, 3 Kilogramm und 2 Kilogramm ausgewählt werden. Daher sind die berechneten Werte auf- oder abgerundet.

Tab.4 Ergebnisse des Mehrwiederholungskrafttestes (10-RM-Test)

Testübung	WH	1.Testsatz	2.Testsatz	3.Testsatz	Ergebnis
Langhantel Kniebeuge	10	15 Kg	17,5 Kg	-	17,5 Kg
Rumänisches Kreuzheben mit Langhantel	10	8 Kg	10 Kg	13 Kg	13 Kg
Rudermaschine (enger Griff)	10	15 Kg	18 Kg	-	18 Kg
Brustpresse Maschine (sitzend, waagerechter Griff)	10	18 Kg	20 Kg	-	20 Kg
Trizeps drücken am Seilzug (gerade Stange)	10	12 Kg	13 Kg	15 Kg	15 Kg
Bizeps Maschine	10	10 Kg	13 Kg	-	13Kg
Bauchmuskelmaschine	10	23 Kg	25 Kg	-	25Kg
Rotator Maschine	10	15Kg	16,5 Kg	18 Kg	18 Kg

Ein Norm- bzw. Referenzwertvergleich zu der erbrachten Leistung der Testperson ist im Bereich des Freizeitkrafttrainings als nicht notwendig zu betrachten. Es handelt sich hierbei um individuelle Leistungen, die von internen und externen Faktoren abhängig sind. Allerdings sollte die Testperson jedes Ergebnis nach dem Training auflisten, so schafft man Vergleiche zum eigenen Training und erkennt Kraftfortschritte von den

Meso- sowie Makrozyklen. Um eine genauere Leistungsentwicklung zu erkennen, emp-fiehlt sich nach einer längeren vollbrachten Trainingsperiode der Re-test. Bei diesem wird nach einiger Zeit genau der gleiche Test unter genau den gleichen Rahmenbedingungen durchgeführt, um eine Steigerung festzustellen und den neu erbrachten Leistungsstand an das Training anzupassen.

2 Teilaufgabe 2 – Zielsetzung/Prognose

Tab.5 Formulierung von Zielen

Inhalt	Ausmaß	Zeit
Kraftsteigerung in der Armmuskulatur	Mindestens 5 Kilo mehr beim Trizeps drücken am Kabelzug und an der Bizeps Maschine	6 Monate
Muskelanteil in % auf der Körperanalysewaage steigern	von 35 % auf 37 % Muskelanteil	6 Monate
Systematisches Krafttrainieren	Von 30 Minuten auf jeweils 45-60 Minuten Krafttraining	6 Monate

Das erste Ziel der Testperson ist die Kraftsteigerung in der Armmuskulatur, welches auf ihr Hobby Tennis zurückzuführen ist. Eine Kraftsteigerung in den Armen soll der Testperson helfen ihre Schlagkraft, beziehungsweise den im Tennis genannten Schlagarm zu verbessern, um eine weniger schnelle Ermüdung in der Armmuskulatur zu spüren. Um dieses Ziel für die Person anschaulich zu machen, soll in 6 Monaten eine Gewichtszunahme von 5 Kg beim Trizeps drücken am Seilzug und an der Bizeps Maschine gemessen werden.

Das zweite Ziel bezieht sich auf den Wunsch des Muskelaufbaus, da sie athletischer und muskulöser aussehen möchte. Hierfür besteht der Wunsch eines Wachstums des Muskelanteils von 2%, was anhand der im Studio verfügbaren Körperanalysewaage gemessen wird. Zuvor wurde ein Muskelanteil von 35% gemessen, was in 6 Monaten auf 37% gesteigert werden soll.

Das letzte Ziel, ist der Wunsch nach einem systematischen Krafttraining. Die Person hat vorher ein Kraftausdauertraining von 30 Minuten absolviert und sich mit anschließend 60 Minuten Crosstrainer mehr, auf Ausdauersport konzentriert. Im Fokus steht nun eine Krafttrainingseinheit von immer jeweils 45-60 Minuten. In den sechs Monaten soll die Testperson gezielt auf das Einhalten der Zeit achten und diese dokumentieren.

3 Teilaufgabe 3 – Trainingsplanung Makrozyklus

Tab.6 Makrozyklusplanung nach der ILB-Methode auf Basis eines X-RM Test

	Mesozyklus I	Mesozyklus II	Mesozyklus III	Mesozyklus V
Dauer	4 Wochen	8 Wochen	6 Wochen	6 Wochen
Trainingsziel	Kraftausdauer	Muskelaufbau	Muskelaufbau	Maximalkraft
Organisationsform	GK	GK	GK	GK
Häufigkeit pro Woche	3	3	3	3
Anzahl Übungen pro Muskel	1-2	1-2	1-2	1-2
Anzahl Sätze pro Übungen	3	3	3	3
Satzpausen (Sekunden)	60	60	60	180
Wiederholungszahl	15	12	8	6
Intensität (% X-RM)	70-90 %	70-90 %	70-90 %	70-90 %
Bewegungstempo	(2/0/2)	(2/0/2)	(2/0/2)	(2/0/2)

Begründung:

Durch die vorher stattgefundene Anamnese konnten wir feststellen, dass die Testperson keine gesundheitlichen Probleme aufweist und uneingeschränkt und voll belastungsfähig trainierbar ist. Nach dem Prinzip der Individualität und Altersgemäßheit, die besagt, dass der Trainingsreiz der psychophysischen Belastbarkeit des Trainierenden entsprechen soll, muss die Testperson also aufgrund von einer hohen Belastungsfähigkeit ausreichend gefordert werden (Eisenhut & Zintl, 2013, S. 16-27). Unter diesen Aspekten kann für die Testperson ohne weiteres die ILB-Methode angewendet werden. Da sie 14 Monate Trainingserfahrung mit sich bringt, wird sie laut der ILB-Methode als fortgeschritten eingestuft. Es sollten drei bis vier Trainingseinheiten pro Woche mit 1-3 Übungen pro Muskelgruppe und zwei bis drei Sätze mit einer empfohlenen Intensität von je 70-90% des X-RM absolviert werden (Strack & Eifler, 2005, S.153). Fröhlich,

5

Schmidtbleicher und Emrich (2007, S.7) erkannten im Rahmen einer Metaanalyse zur optimalen Trainingshäufigkeit, dass zwei, drei und vier Trainingseinheiten zu signifikant besseren Trainingseffekten führen. Die Testperson absolviert zeitlich bedingt dreimal pro Woche ein Ganzkörpertraining. So wird gewährleistet, dass ein Zeitraum von 48 Stunden zwischen den Ganzkörpereinheiten liegt und somit das erhöhte Niveau der anabolen Prozesse nach einem Training wieder ausreichend Zeit besitzt, um zu sinken (Phillips, Tipton, Aarsland, Wolf & Wolfe, 1997). So wird für den Körper eine ausreichende Erholungsphase gewährleistet. Die Wahl fällt auf 1-2 Übungen pro Muskelgruppe mit jeweils 3 Sätzen, da die Testperson ein Training von 45-60 Minuten nicht überschreiten soll, um die Produktivität des Trainings beizubehalten. Die Intensität von 70-90% des X-RM soll eine Reizerhöhung in den einzelnen Mikrozyklen ermöglichen, denn das Prinzip der progressiven Belastungssteuerung sagt aus, dass mit zunehmender Leistungsfähigkeit auch stärkere Reize gesetzt werden müssen, um eine stetige Anpassung des Körpers zu erzielen (Eisenhut & Zintl, 2013, S. 16-27). Der Trainingsplan beinhaltet vier Mesozyklen mit jeweils 4 Wochen Kraftausdauertraining, 8 Wochen und zweimal 6 Wochen Muskelaufbautraining und im Anschluss 6 Wochen Maximalkrafttraining. Dies basiert auf dem Prinzip der Periodisierung und Zyklisierung, denn so ändern sich die Belastungsanforderungen und die unterschiedlichen angestrebten Schwerpunkte und Zielsetzungen können mit unterschiedlichen Adaptionszeiträumen erreicht werden (Eisenhut & Zintl, 2013, S. 16-27).

4 Teilaufgabe 4 – Trainingsplanung Mesozyklus

Tab.7: Mesozyklus Muskelaufbau

Mikrozyklus (Woche)	1	2	3	4	5	6	7	8
Trainingsziel	Muskelaufbau	Muskelaufbau	Muskelaufbau	Muskelaufbau	Muskelaufbau	Muskelaufbau	Muskelaufbau	Muskelaufbau
Trainingseinheit pro Woche	3	3	3	3	3	3	3	3
Organisationsform	Ganzkörper (GK)	GK	GK	GK	GK	GK	GK	GK
Übungen pro Muskelgruppe	1-2	1-2	1-2	1-2	1-2	1-2	1-2	1-2

Sätze pro Übungen	3	3	3	3	3	3	3	3
Wiederho-lungszahl	12	12	12	12	12	12	12	12
Intensität	70 %	75 %	75 %	80 %	80 %	85 %	85 %	90 %
Bewegungs-tempo	2/0/2	2/0/2	2/0/2	2/0/2	2/0/2	2/0/2	2/0/2	2/0/2
Langhantel Kniebeuge	12 Kg	13 Kg	13 Kg	14Kg	14Kg	15Kg	15Kg	16Kg
Rumänisches Kreuzheben mit Langhantel	9 Kg	10 Kg	10 Kg	10,5 Kg	10,5 Kg	11 Kg	11 Kg	11,5 Kg
Ruderma-schine (enger Griff)	11,5 Kg	13 Kg	13 Kg	14,5 Kg	14,5 Kg	15 Kg	15 Kg	16 Kg
Brustpresse (sitzend, waa-gerechter Griff)	13 Kg	14,5 Kg	14,5 Kg	15 Kg	15 Kg	16,5 Kg	16,5 Kg	18Kg
Trizeps drü-cken am Seil-zug	10 Kg	11,5 Kg	11,5 Kg	12 Kg	12 Kg	13 Kg	13 Kg	13,5 Kg
Bizeps Ma-schine	8 Kg	9 Kg	9Kg	9,5 Kg	9,5 Kg	10 Kg	10 Kg	11,5 Kg
Bauchmuskel-maschine	18 Kg	19,5 Kg	19,5 Kg	20 Kg	20 Kg	21,5 Kg	21,5 Kg	23 Kg
Rotator Maschine	11,5 Kg	13 Kg	13 Kg	14,5 Kg	14,5 Kg	15 Kg	15Kg	16 Kg

Begründung:

In dem Trainingsplan der Testperson ist überwiegend Krafttraining an geführten Maschinen zu finden, um der Testperson eine einfach und schnell zu erlernende Bewegungsausführung zu bieten. Um allerdings eine bessere Transparenz auf das Alltagsleben geben zu können, sind zu Beginn auch Übungen mit freien Gewichten enthalten. Diese sollen zusätzlich ein Autostabilisationstraining darstellen, um eine gute Voraussetzung zu schaffen, um später mit mehr freien Übungen arbeiten zu können. Der Trainingsplan zeigt viele mehrgelenkige Übungen auf, da diese alltagsnahe und funktionelle Bewegungsmuster darstellen. Unter dem Aspekt der Komplexität, stehen die mehrgelenkigen Übungen vor den eingelenkigen Übungen, denn so wird eine Vorermüdung der Synergisten verhindert (Bompa & Carrera, 2005, S.69). Daher werden zunächst die Übungen Kniebeuge, rumänisches Kreuzheben, Rudern und die Brustpresse ausgeübt. Der Trainingsplan beginnt mit den koordinativ anspruchsvollen Übungen, der Langhantel Kniebeuge und mit dem rumänischen Kreuzheben mit einer Langhantel. So wird ermöglicht, dass die Technik nicht unter einer Vorermüdung leidet. Bei der Kniebeuge wird primär der vierköpfige Oberschenkelmuskel, der Beinbizeps und der große Gesäßmuskel trainiert. Auch zu nennen ist der Rückenstrecker, der unterstützend mitwirkt. Diese Übung stärkt also die Bein- und Rückenmuskulatur und erleichtert somit im Alltag das Anheben von zum Beispiel einer Kiste Wasser. Es folgt das rumänische Kreuzheben. Hierbei werden primär die Beinbeuger, das heißt der Plattsehnenmuskel, der Halbsehnenmuskel und der zweiköpfige Oberschenkelmuskel trainiert. Außerdem wird der große Gesäßmuskel und der Rückenstrecker beansprucht. Auch diese Übung unterstützt im Alltag beim Heben von schweren Gegenständen. Die Testperson ist als Studentin, durch das Sitzen in der Uni und am Schreibtisch oft in einer gebeugten Haltung. Das Kreuzheben fördert genau die Muskulatur, um den Körper gezielt gerade zu halten. Es folgt eine Zugübung, die Rudermaschine. Hier wird der breite Rückenmuskel, der hintere Teil des Deltamuskels, der Kapuzenmuskel, der große und kleine Rautenmuskel und der Untergrätenmuskel beansprucht. Der zweiköpfige Armmuskel dient als Unterstützende Muskulatur. Da hier die gesamte obere Rückenmuskulatur gestärkt wird, soll auch diese Übung die Testperson in ihrer Haltung entlasten. Durch das Trainieren des hinteren Deltamuskels, soll erreicht werden, dass die Testperson beim Sitzen am PC ihre Schultern nicht nach innen verdreht. Um einen Ausgleich zu der Zugübung zu bilden, folgt nun eine Druckübung für die Brustmuskulatur und die vordere Schultermuskulatur. Die Rede ist von der Brustpresse sitzend, mit einem waagerechten Griff, die den großen Brustmuskel trainiert. Als unterstützende Muskulaturen dienen der dreiköpfige Oberarmmuskel, der vordere Teil des Deltamuskels und der vordere Sägemuskel. Im Alltag lässt sich die Brustpresse beispielsweise beim Schieben von schweren Einkaufswagen anwenden. Zusätzlich wird durch das Trainieren des großen Brustmuskels, des dreiköpfigen Armmuskels und des vorderen Teil des Deltamuskels, die Schlagkraft der Testperson beim Tennisspielen gestärkt, da bei einem Aufschlag die Streckung nach oben und die Vorwärtsbewegung des Oberarms durch die Kontraktion der oben genannten Muskeln erfolgt. Es folgen die beiden eingelenkigen Übungen, das Trizeps drücken am Kabelzug und die Bizeps Maschine. Die Wahl fiel auf die Kombination dieser beiden Übungen, da zum entsprechenden Agonist ebenfalls gleich viele eingelenkige Übungen für den Antagonisten angewendet werden sollten. Beim Trizeps drücken am Seilzug wird der dreiköpfige Armmuskel trainiert. Die Testperson soll mit einem Seilzug arbeiten, da dieses auf alltagsspezifischen Bewegungsmöglichkeiten besser übertragbar ist (Hois & Ziegner, 2006). Die Bizeps Maschine trainiert den zweiköpfigen Oberarmmuskel. Beide Übungen sollen die Testperson bei ihrem Wunsch, nach einer Kraftsteigerung in der Armmuskulatur für ihr Hobby Tennis unterstützen, denn um den Ellenbogen beim Aufschlag zu strecken, arbeitet der dreiköpfige Oberarmmuskel konzentrisch und der zweiköpfige Oberarmmuskel exzentrisch. Zum Ende des Trainingsplan folgen nun noch die Bauchübungen. Da die Bauchmuskulatur bei jeder Kraftübung unter Spannung sein sollte, werden diese zu allerletzt ausgeübt, um sie nicht vorher zu ermüden. Die Bauchmuskelmaschine dient der geraden und unterstützend auch der schrägen Bauchmuskulatur. Untersetzend dazu folgt die Übung Rotator. Hier werden primär die schrägen Bauchmuskeln beansprucht, aber auch unterstützend die geraden Bauchmuskeln. Auch hier liegen beide Übungen im Fokus für das Tennistraining, denn die seitliche Bauchmuskulatur ist primär zuständig, für die Beugung zur Seite und für die Drehung des Oberkörpers, da dies notwendig beim normalen Schlagen des Balles und auch beim Aufschlag ist.

5 Teilaufgabe 5 – Literaturrecherche

Tab. 8 „Health status of older adults with Type 2 diabetes mellitus after aerobic or resistance training" (Whye Ng, Shyong Tai, Goh & Wee, 2011)

Studie:	„Health status of older adults with Type 2 diabetes mellitus after aerobic or resistance training: A randomised trial"
Wer hat die Studie durchgeführt?	Cindy Li Whye Ng, E Shyong Tai, Su-Yen Goh und Hwee-Lin Wee
In welchem Jahr wurde die Studie publiziert?	im Jahre 2011
Welche Forschungsfrage wurde untersucht?	Hintergrund der Studie basiert auf den positiven Effekt von Krafttraining, auf die Gesundheit von Menschen mit Diabetes im Vergleich zu Aerobic Training und dem Ausführen von keiner sportlichen Aktivität. Hypothese: Krafttraining und Aerobic Training haben mit ähnlichem Volumen, ähnliche Auswirkungen auf den Gesundheitszustand.
Mit welchen Versuchspersonen wurde die Studie durchgeführt?	60 Probanden im Alter von 58 Jahren, die an Diabetes mellitus Typ-2 erkrankt sind. Diese wurden randomisiert auf zwei Gruppen mit jeweils 30 Probanden aufgeteilt.

Wie sah der Versuchsaufbau der Studie aus?	Gruppe 1: führte in einem Zeitraum von 8 Wochen neunmal ein Widerstandstraining aus (jeweils drei Sätze mit 10 Wiederholungen). Das Gewicht entsprach 65% ihres 1 RM. Gruppe 2: führte ein 50-minütiges Ausdauertraining aus. Die Herzfrequenz entsprach 65% ihrer altersbedingten maximalen Herzfrequenz.
Welche relevanten Ergebnisse und Schlussfolgerungen liefert die Studie?	Die Studie ergab, dass sich sowohl der Gesundheitsstatus als auch die Vitalität signifikant verbesserten. Ein Unterschied zwischen den beiden Gruppen ergab sich in der Verbesserung der physischen Funktion und der mentalen Gesundheit. Diese verbesserte sich bei dem Widerstandstraining jedoch nicht im Ausdauertraining.

Tab. 9 „Effects of combined training with different intensities on vascular health in patients with type 2 diabetes" (Magalhães et al., 2019)

Studie:	„Effects of combined training with different intensities on vascular health in patients with type 2 diabetes: a 1-year randomized controlled trial"
Wer hat die Studie durchgeführt?	Magalhães, J. P., Melo, X., Correia, I. R., Ribeiro, R. T., Raposo, J., Dores, H., Sardinha, L. B.
In welchem Jahr wurde die Studie publiziert	im Jahr 2019
Welche Forschungsfrage wurde untersucht?	Die Studie behandelt die Auswirkung auf die strukturelle und funktionelle Gefäßfunktion bei Typ 2 Diabetes mellitus, bei einer Kombination aus einem hochintensiven Intervalltraining und Widerstandstraining im Vergleich zu einem Ausdauertraining mit Widerstandstraining.
Mit welchen Versuchspersonen wurden die Studien durchgeführt?	Mit 80 Patienten des Typ 2 Diabetes mellitus, die in drei Gruppen randomisiert wurden.
Wie sah der Versuchsaufbau der Studie aus?	Einjährige, randomisiert kontrollierte Studie Gruppe 1: Kontrollgruppe Gruppe 2: übt hochintensives Intervalltraining in Kombination mit Widerstandstraining aus

	Gruppe 3: übt ein Ausdauertraining in Kombination mit Widerstandstraining aus. Die Übungseinheiten wurden 3x wöchentlich durchgeführt. Zur Beurteilung der Veränderung der strukturellen und funktionellen Arterien wurde eine Messung der Intima-Media-Dicke der Halsschlagader durchgeführt.
Welche relevanten Ergebnisse und Schlussfolgerungen lieferten die Studien?	Es wurde festgestellt, dass beide Gruppen eine Reduzierung der Dicke der Arterie aufweisen konnten. Allerdings erzielte die Gruppe des hochintensiven Intervalltrainings in Kombination mit Widerstandstraining zusätzlich eine Verbesserung der arteriellen Gefäßsteifigkeit und Dehnbarkeit. Daher ist diese Kombination das bedeutsamere Instrument, um eine langfristige vaskuläre Komplikation bei Diabetes mellitus Typ 2 zu verbessern.

6 Literaturverzeichnis

Bierbach, E. (2007). *Blutdruck – Rhythmus – Kontraktilität: Einblicke in die Herz-Kreislauf - Pathologie.* Zugriff am 05.04.2019. Verfügbar unter https://www.thieme-connect.de/products/ejournals/abstract/10.1055/s-2007-982750

Bompa, T. O. & Carrera, M. C. (2005). *Periodization training for sports. Science-based strength and conditioning plans for 20 sports* (2. ed.). Champaign, IL: Human Kinet-ics.

Eisenhut, A. & Zintl, F. (2013). *Ausdauertraining. Grundlagen, Methoden, Trainings-steue-rung* (Sportwissen, 8. Aufl.). München: BLV.

Fröhlich, M., Schmidtbleicher, D. & Emrich, E., 2007. *Vergleich zwischen zwei und drei Krafttrainingseinheiten pro Woche – ein metaanalytischer Zugang.* Zugriff am 06.04.2019. Verfügbar unter http://web.swi.uni-saarland.de/files/file/Ver%20gleich%20zwischen%202%20und%203%20Trainingseinheiten%20Spectrum%20%202007.pdf

Hois, G. & Ziegner, A. (2006). *Grundlagen des mehrgelenkigen Trainings in Theorie und Pra-xis. Bewegungstherapie und Gesundheitssport,* 22, 18–25.

Magalhães, J. P., Melo, X., Correia, I. R., Ribeiro, R. T., Raposo, J & Dores, H. et al. (2019*). Effects of combined training with different intensities on vascular health in patients with type 2 diabetes: A 1-year randomized controlled trial.* Zugriff am 06.04.2019. Verfügbar unter https://www.ncbi.nlm.nih.gov/pubmed/30885194

Phillips, SM., Tipton, KD., Aarsland, A., Wolf, SE. & Wolfe, RR., 1997. *Mixed muscle protein synthesis and breakdown after resistance exercise in humans.* Zugriff am 06.04.2019. Verfügbar unter https://www.ncbi.nlm.nih.gov/pubmed/?term=Phillips%2C+Tipton%2C+Aarsland%2C+Wolf+%26+Wolfe

Strack, A. & Eifler, C. (2005). *The individual lifting performance method (ILP). A practical method for fitness- and recreational strength training*. In Gießing, Fröhlich & Preuss, Current results of strength training research. Göttingen: Cuvillier.

Whye Ng, C., Shyong Tai, E., Goh, S. & Wee, H. (2011). *Health status of older adults with Type 2 diabetes mellitus after aerobic or resistance training: A randomised trial*. Zugriff am 07.04.2019. Verfügbar unter http://www.hqlo.com/content/9/1/59

7 Tabellenverzeichnis